처음 엄마가 되었어요

First published in the United States by Princeton Architectural Press

copyright ⓒ 2022 by Emma Ahlqvist
Translation copyright ⓒ 2024 Book's Hill Publisheres Co., Ltd.
This edition was published by arrangement with Icarias Agency. All rights reserved.

이 책의 한국어판 저작권은 Icarias Agency를 통해
Princeton Architectural Press과 독점 계약한 도서출판 북스힐에 있습니다.
저작권법에 의하여 한국 내에서 보호를 받는 저작물이므로 무단전재와 복제를 금합니다.

처음

엄마가 되었어요

고단하지만
그럼에도 행복한 나날들

엠마 알크비스트 지음 | 박은진 옮김

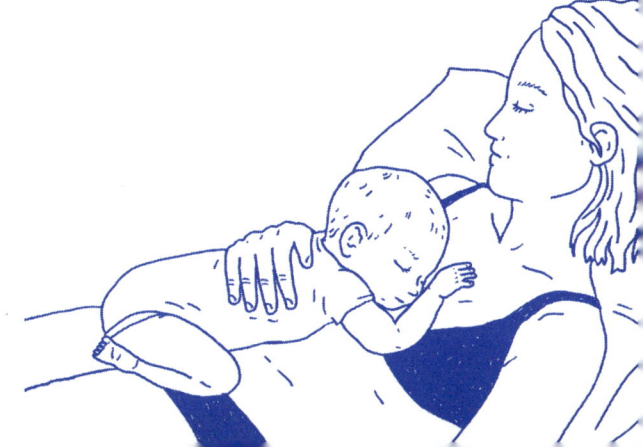

1장

내 배 속에 아기가 있다!!

내 배 속에
아기가 있다!!

임신 사실을 비밀로 하니,
마음이 무척 설레는 거 있지.

내가 무알코올 맥주를 마시고 있다는 걸
아무도 눈치채지 못했으면 좋겠어.

클럽에 가지 않을 그럴듯한 핑계가 어디 없을까?

이십 대에는 노는 데 정신이 팔려
시간 가는 줄 몰랐지만,
이제는 좀 달라지려고 해.

꽤 오랫동안 준비하면서 때를 기다렸어.

그리고 이제 때가 된 것 같아.

아이를 갖기로 마음먹자마자 임신하고 싶어 안달이 날 지경이었어.

남편과 나는 아기를 만들 생각만 해도 흥분되는데,
그게 이상한 걸까?

우리는 아이가 생기기 전에 도시를 벗어나 살려고 했지.
처음 계획과는 달리, 지금은 에든버러의 아파트에 살고 있지만
어디서 살든 아이를 낳아 기른다는 생각에 마음이 들뜨고 두근거려.

BABY

지금껏 모든 일을 내 뜻대로 이끌면서 살아왔는데,
이건 내 통제를 벗어난 일이라 덜컥 겁이 나더라고.

임신 사실을 빨리 알리고 싶어
입이 근질근질하지만, 그러면 안 되는 거겠지.

혹시라도 유산하면 그것도 사람들에게
말하고 싶어질 테니까.

도대체 엄마들은 어떻게 항상 알고 있는 걸까?

잠에서 깰 때마다
내가 임신했다는 걸 깨닫고 충격에 휩싸여.

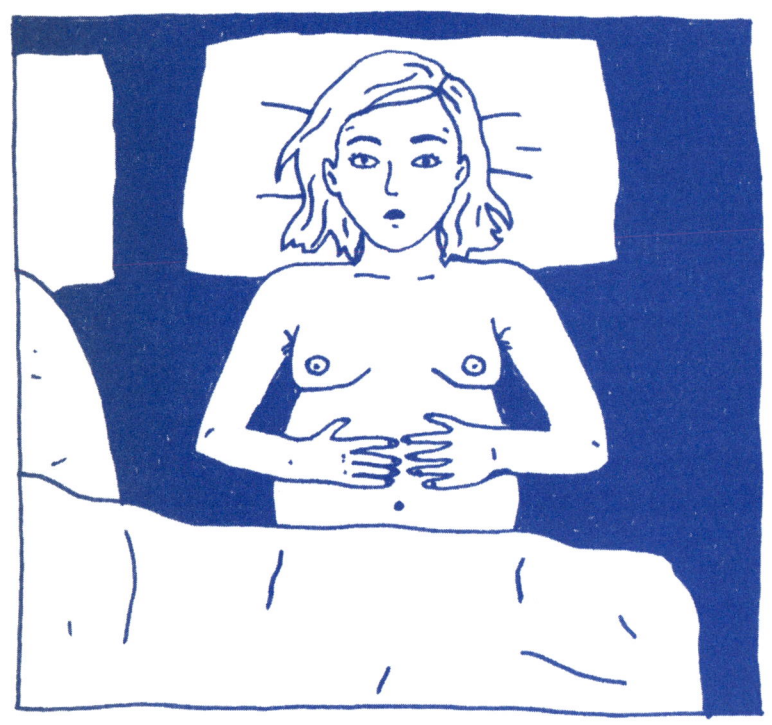

깨어 있는 동안에는 온 신경이
내 임신에만 쏠려 헤어나지 못하고 말이야.

임신한 여성들이 어디 불편한 곳 없이 몸 상태가
좋다고 말하면, 그렇지 않은 내 몸이 실망스러워.

나는 임신한 뒤로 평소 마시던 커피가
갑자기 독약처럼 쓴맛이 나고,
시도 때도 없이 속이 쓰리거든.

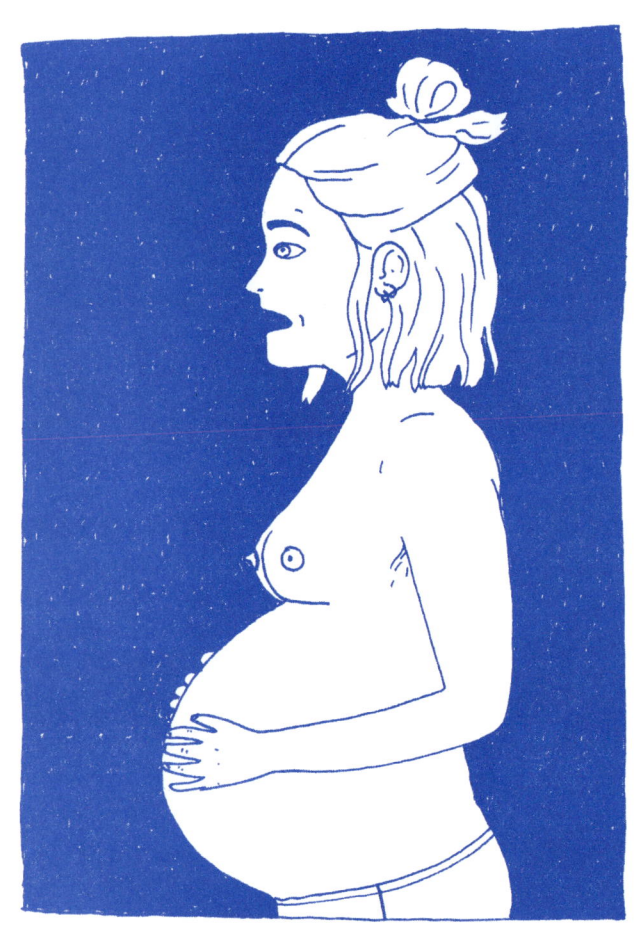

한 번씩 임신한 사실을 까맣게 잊어
당황할 때가 있지만,
그럴 때마다 내 몸이 알아서 다 해 주고
있다는 걸 새삼 깨닫게 돼.

남편과 나는 아이가 생기면 우리 삶에
어떤 변화가 일어날지 자주 이야기하곤 해.

아이가 있어도 우리가 좋아하는 일들을 계속할 수 있을까?

사실 나는 성공한 사람이 되기 위해
스스로를 굉장히 압박하는 편이야.

이제는 그렇게까지 나 자신을 몰아붙이지 않는데도
오히려 마음이 편한 거 있지.

어쨌든 한 인간을 끊임없이 만들고 있으니까 그런가 봐.

내 가슴은 원래 작은데, 지금은 어마어마하게 커졌어.
십 대에 처음으로 가슴이 커지던 그때가 떠오르네.

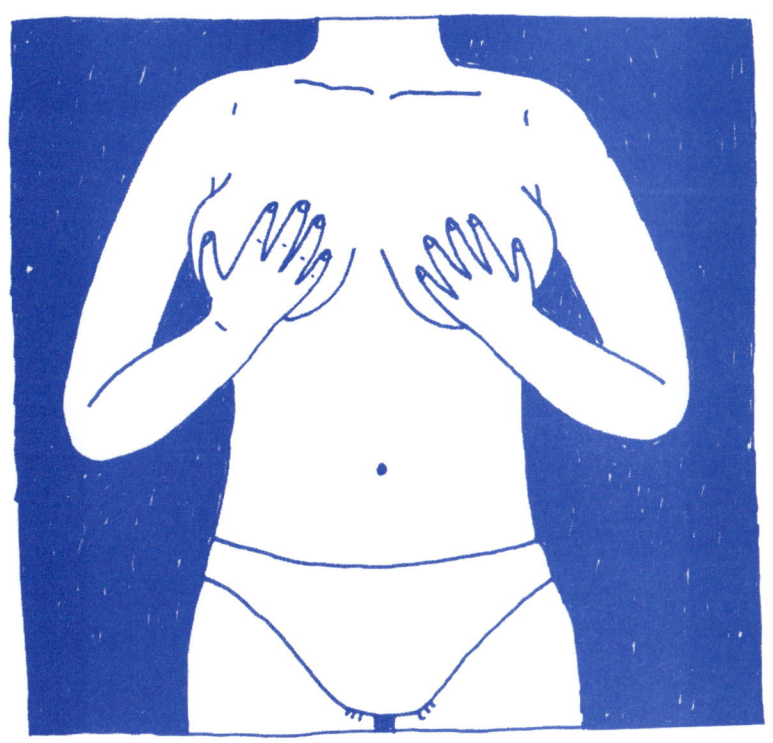

가슴을 움켜잡으면 두 손에 가득 차오르는
그 묵직한 느낌이 참 좋아.

임신하자마자 찍은 사진을 지금 다시 보니,
피식 웃음이 나. 당시에는 배가 제법 불룩하게
나왔다고 생각했는데.

친구를 만나거나 밖에 나가고 싶지 않아.

그저 침대와 한 몸이 되어 배 속에서
꼬물대는 아기의 움직임을 오롯이 느끼고 싶어.

이렇게 날이면 날마다 녹초가 될 지경인데,
무슨 힘으로 출산이라는 산을 넘을 수 있을까?

그런 걱정이 앞설 때면 임신 중에는 피부가 반들반들
윤이 난다는 사실을 애써 떠올리려고 하지.

임신하고 나니 금세 피곤이 몰려와
많은 일을 해내지 못하지만,
임신 덕분에 삶의 의미와 방향을 새롭게 발견했어.

엄마라면 누구나 임신 과정을 겪기 마련이지만,
아이를 직접 품어 보니
아주 특별한 경험으로 다가오는 것 같아.

내 안에 이토록 조그만 사람이 있다니,
도무지 상상이 안 가.

넌 누구니?

남편이 질투하는 것 같아.

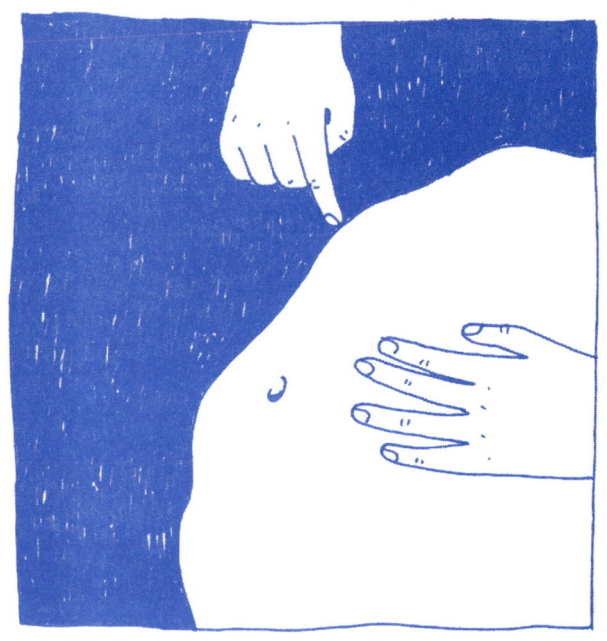

쉴 새 없이 배를 걷어차이는 느낌을 모를 테니
이를 다행으로 알라고 했지.
물론 아기의 발길질마저도 나에겐 기쁨이지만.

아기를 배 속에 품고 있는 이 순간이 그리워질 것 같아.

아가, 네가 거기 있어
나는 조금도 외롭지 않단다.

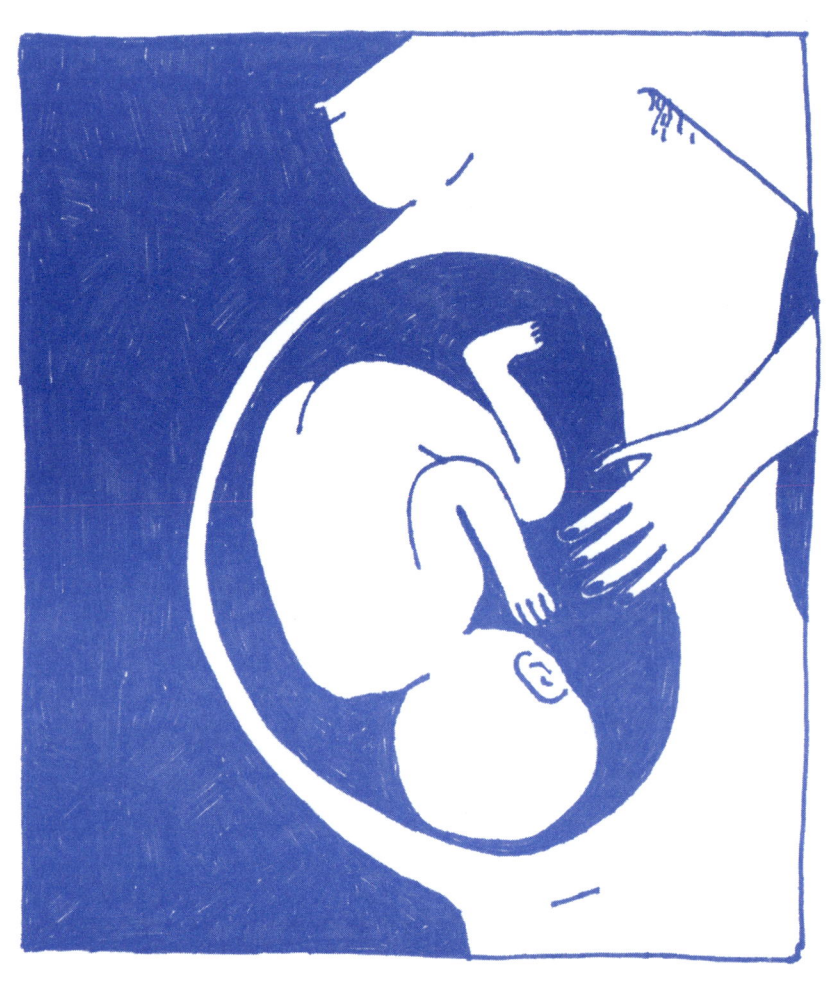

손대면 닿을 듯 가깝고도 아주 멀리에 있는 것 같구나.
너와 나 사이에는
고작 피부와 양수밖에 없는데도 말이지.

2장

자꾸 떠오르는 질문들

왜
아이를
낳는 걸까?

왜
아이를 낳지
않는 걸까?

예전에 임신을 중단한 적이 있어.

당시 나는 형제가 스스로 목숨을 끊어
깊은 슬픔에 빠져 있던 터라
이 고달프고 힘든 세상에
또 다른 생명을 데려오고 싶지 않았거든.

지금도 온갖 근심 걱정이 끊이지 않아.

그래서 뉴스 기사를 일부러 읽지 않으려 하지.

별생각 없이 기후 변화에 관한 책을 읽고는
아차 싶었어. 아니나 다를까,
결국 불안감에 휩싸이고 말았지.

나는 대체 왜 아이를 낳으려는 걸까?
어차피 아이는 우리가 망쳐 놓은
지구에서 살아가야 할 텐데.

사람들이
아이를 낳는
이유가 뭐지?
인구는
더 늘지 않아도
되잖아.

아가, 자궁 밖은 위험해!
차라리 아늑한 자궁 안에서 계속 지내는 건 어떠니?
한결 편안한 삶을 누릴 텐데.

마음 한구석에는
미래에 대한 걱정은 내려놓고,
현재에 집중하면서 단순하고
속 편하게 살고 싶은 생각도 있어.

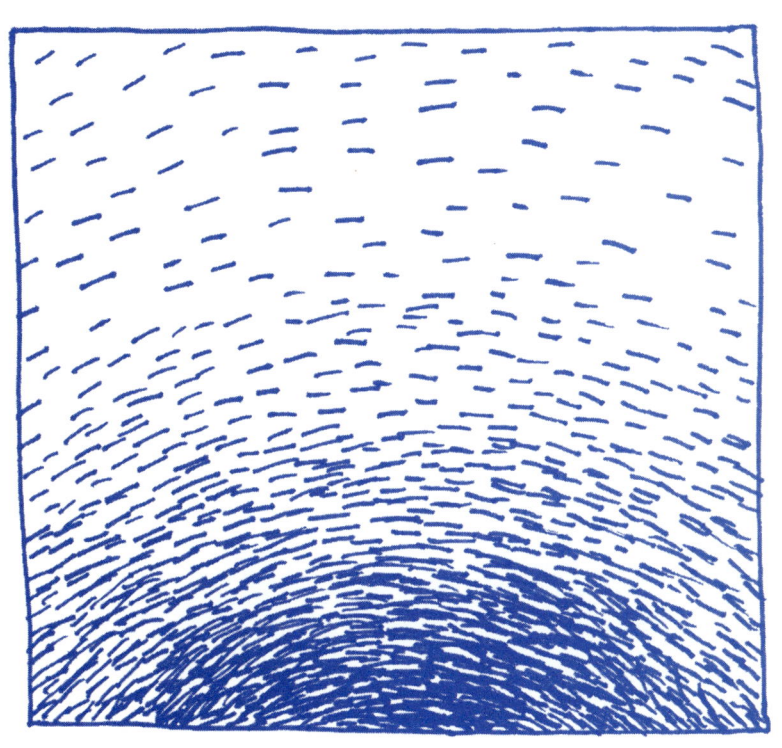

재앙이 코앞에 닥치든 말든 신경 끄고
그저 외면해 버리는 거지.

기후 변화에 대해 두 눈 질끈 감고
귀도 틀어막으려는 내 태도가 무서웠어.

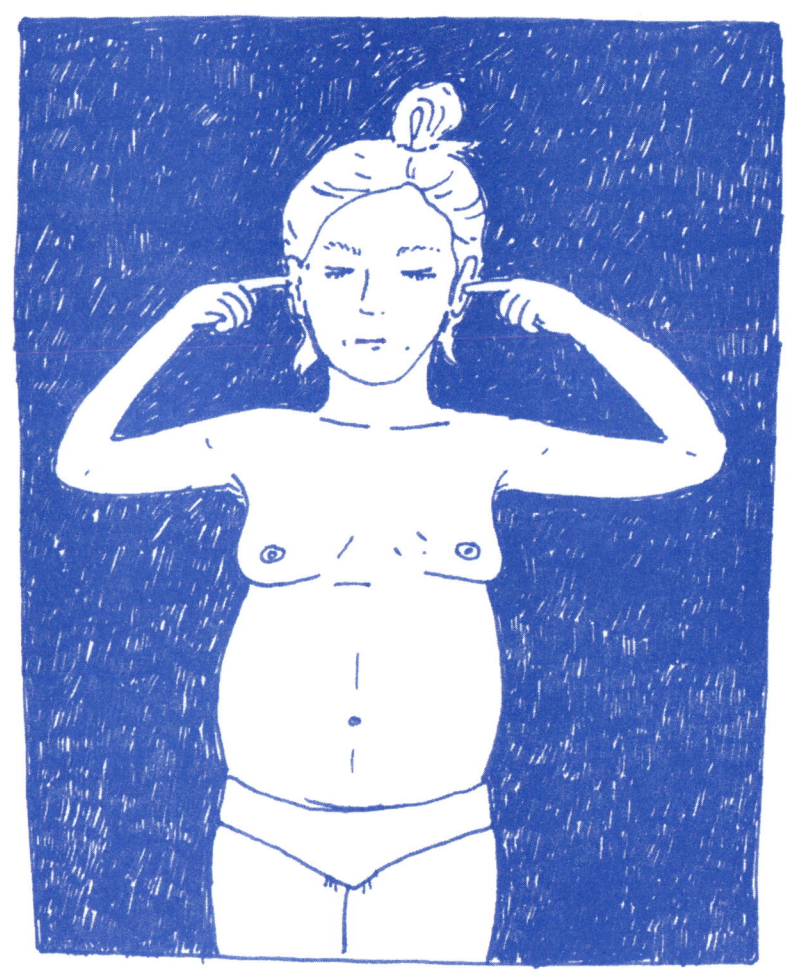

이제 아기가 생기니까 차가 필요할 텐데.

수많은 선택지 가운데 무엇을 골라야 할지 막막해.

일상생활에서 결정을 내릴 때마다
기후 변화를 고려한다면 진이 다 빠질 거야.

지금은 다른 건 눈에 들어오지도 않고
내 몸에만 몰두하고 있어.

그러다 보니 실제 육아에 대한 준비는
뒷전으로 밀려나 있지 뭐야.

육아서라도 한 권 읽어 봐야 하나?

사람들은 입만 열면
아이를 키우는 게 힘들고
어렵다며 불평을 쏟아 내.

그들에게 부모가 된 기쁨이나
보람은 없는 걸까?
육아의 좋은 점을 말해줄 만한
사람이 어디 없을까?

온통 이런 이야기뿐이다.

아기가 배 속에 있을 때 충분히 자 둬야 해.

보통 좋은 의도에서
나온 말이겠거니 생각해.

내게 이래라저래라
간섭한다고
느껴질 때도 말이지.

사람들이 앞다투어 조언하면 듣기 불편해.

그런데 조언을 들은 엄마들이 남의 일에 웬 참견이냐며
불평을 늘어놓는 말도 귀에 거슬리기는 마찬가지야.

출산을 생각하면 무섭기도 하고 설레기도 해.

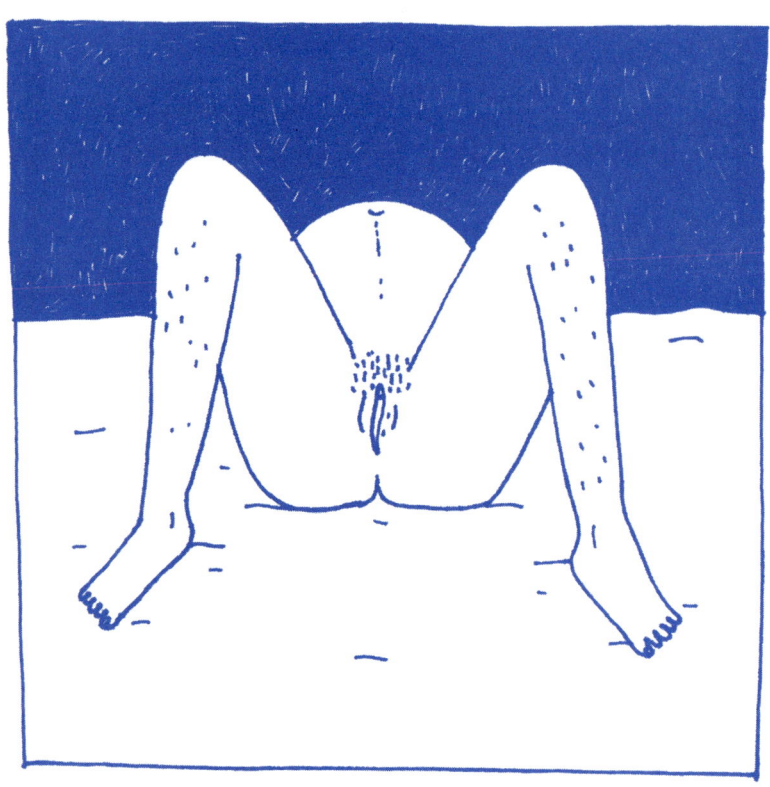

어떻게 거기서 아기가 나오는 거지?

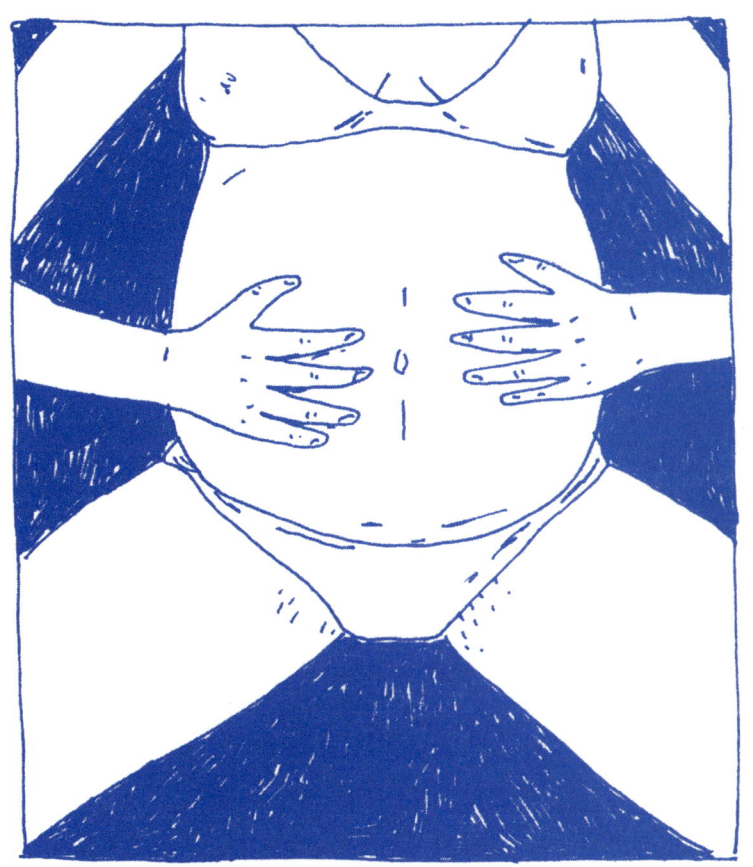

출산 예정일에 딱 맞춰 양수가 터지니 신기했어.

곧장 병원으로 달려갔지만,
의사는 아직 진통이 시작되지 않았다며
우리를 집으로 돌려 보내더라.

밤에 다시 병원으로 가고 있는데,
갑자기 극심한 진통이 느껴지는 거야.

차 안에서 아기를 낳을까 봐 불안하더라고.

실제로 분만이 시작되자 시간이 얼마나 흘렀는지
모를 정도로 의식이 흐릿해졌어.

1시간쯤 지난 것 같았는데, 알고 보니 4시간이지 뭐야.

그 정신없는 가운데 나 자신이 동물이라는
사실만은 분명하게 느꼈지만.

남편이 이것저것 챙겨주고
뭐라 뭐라 물어보는데 더는 대답하지 않았지.

호흡하느라 바쁜데, 그럴 겨를이 어디 있겠어?

출산이라는 게 내가 바라고 계획한 방식으로
진행되지 않을 수 있다는 사실을
임신 기간 내내 받아들이려고 했어.

그러니 원하던 수중 분만을 하게 되어
얼마나 감사한 마음이 들었는지 몰라.

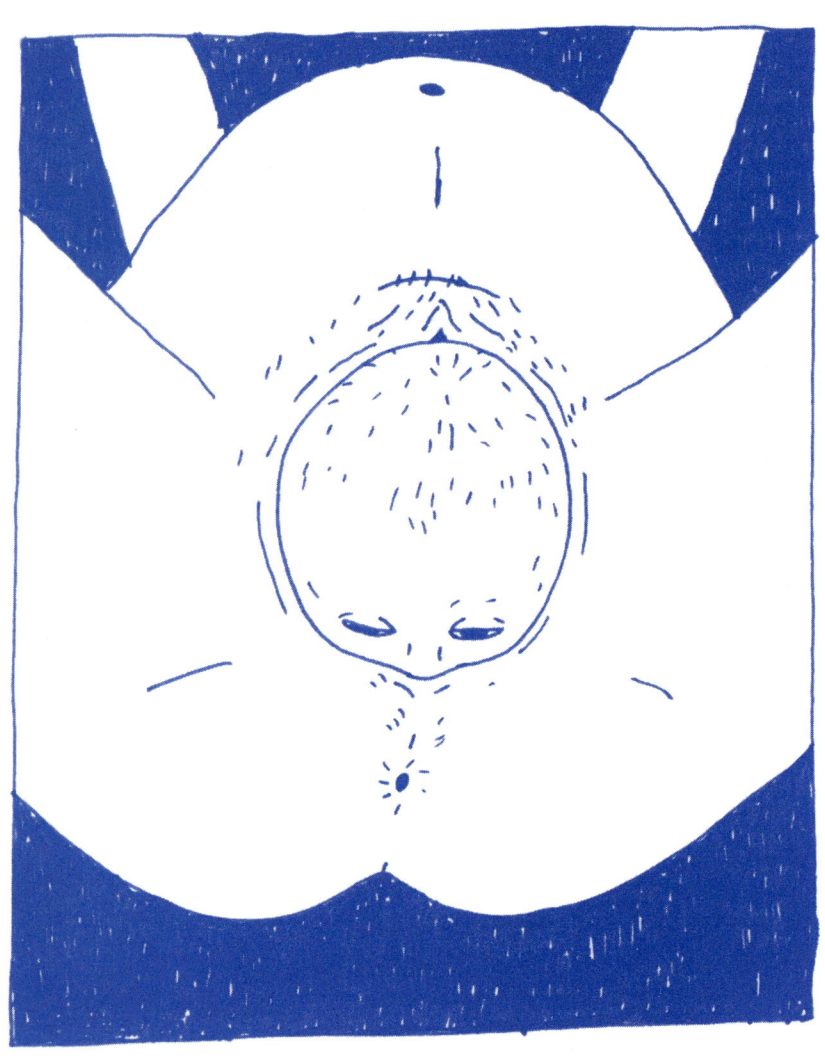

이 순간을 사진으로 남기는 건 좀 너무한가?

처음으로 아기를 두 손에 들고.

가슴 위에 살포시 올려놓으니,
낯설긴 해도 벅찬 감동이 밀려왔어.

작디작은 우리 아기,
드디어 너를 직접 안아보는구나.

3장

모유

수유

내 몸에서
새로운 생명이 탄생하다니!

내가 조그만 사람 하나를 낳은 것도 너무나 신기한데,
다른 여성들도 그럴 수 있다는 사실에
마음속 깊이 놀랐어.

뭐랄까, 이전 세대의 엄마들과
긴밀하고 끈끈하게 이어져 있는 느낌이야.

'세상의 모든 감정'이란 감정은 다 느끼는 것 같아.

아기로 인해 밀려드는
이 온갖 '감정'을
어떻게 다뤄야 할지
잘 모르겠어.

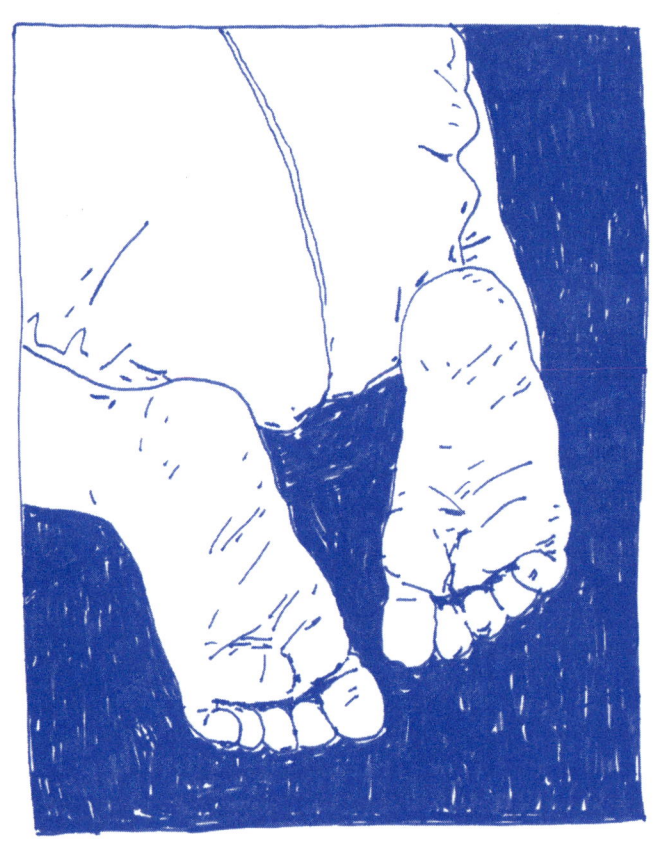

보들보들 주름진 아기 발.

어떻게 내가 이런 걸 만들었을까?

어쩜 이렇게도 작을 수 있지?

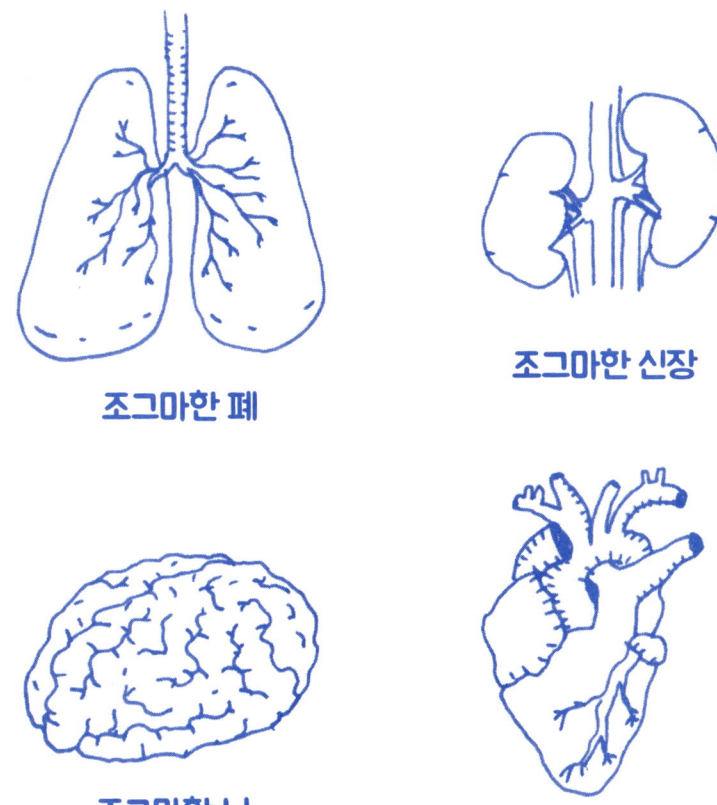

조그마한 폐

조그마한 신장

조그마한 뇌

조그마한 심장

아기의 몸속 작디작은 장기들이
어떻게 생겼을지 상상하면 재밌어.

아기와 함께 집에 있으니,
집이 전과는
사뭇 다르게 느껴져.

우리가 이토록 조그만 아기와
같이 살게 되다니!

모유 수유는 힘들어.

일단 젖꼭지가 너무 쓰라려.
또 젖을 먹다가 잠든 아기를 내려놓기만 하면,
등센서가 작동하는지 젖 달라고 자지러지게 운다니까.

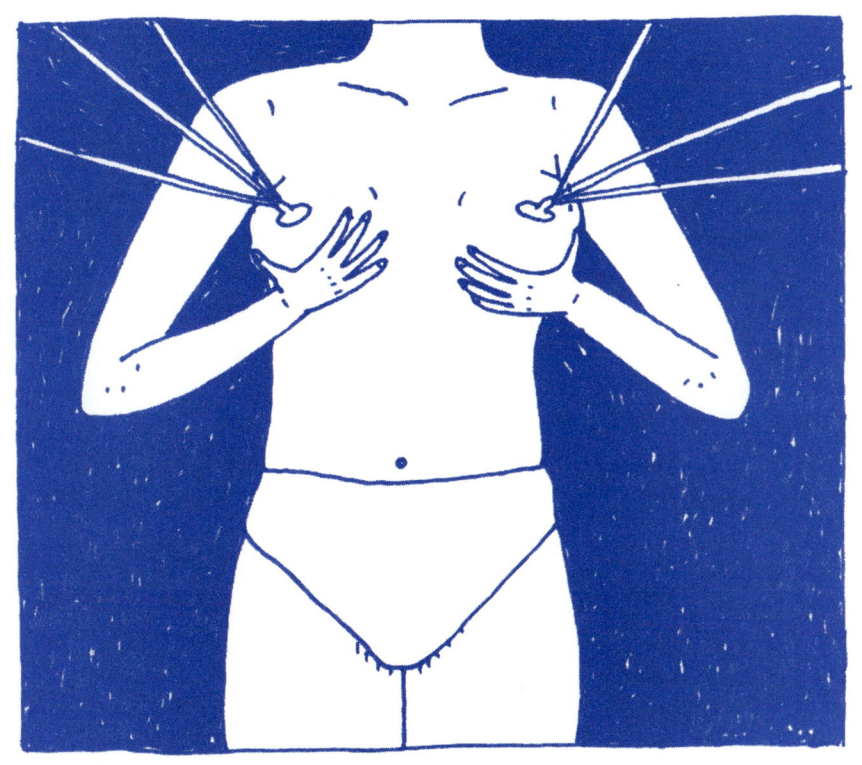

처음에는 가슴에서 모유가 나오니,
여신이 된 기분이었지.

그런데 지금은 자는 남편을 깨워 밖에 나가
분유 좀 사오라고 부탁하고 싶은 심정이야.

나는 아기에게 젖 물리는 요령을
조금씩 터득해갔고,
아기는 젖 먹는 법을
천천히 배워갔어.

옥시토신

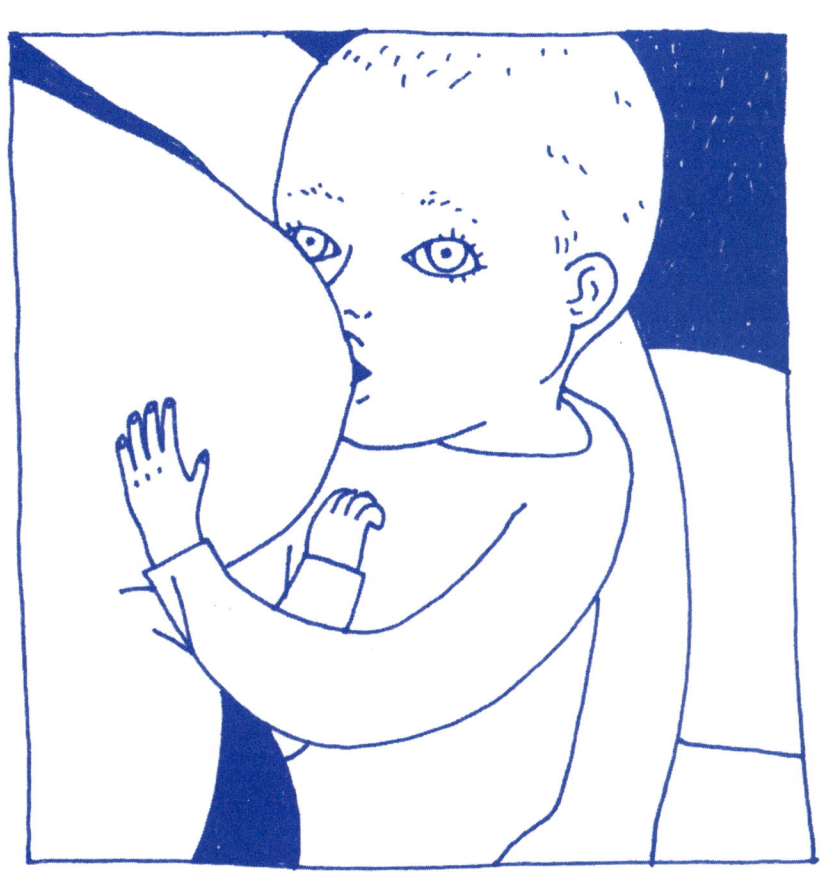

그리고 모유 수유에
푹 빠져 버렸지 뭐야.

우리 언제쯤 아기를 하나 더 가질까?

알다시피 호르몬 때문에 이러는 거야.

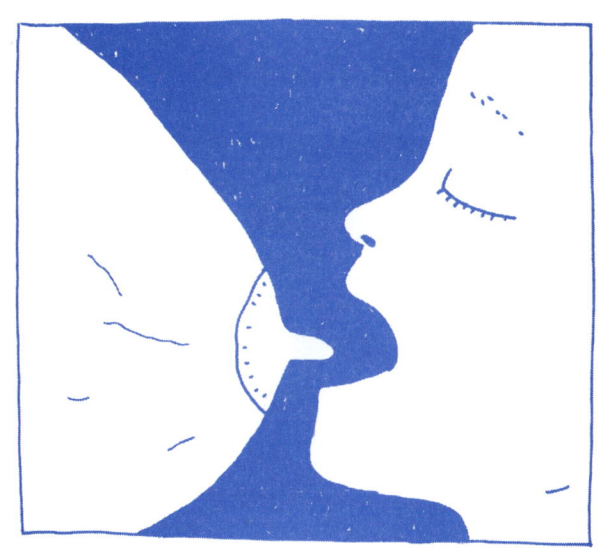

모유 수유는 이제 자연스러운 일상이 됐어.

내 몸이 아기에게 음식이 되는 거야.

아기도 나도 모유 수유를 정말로 좋아하게 됐어.

동물들이 새끼에게 젖을 먹이는 모습을 보면
가슴이 뭉클해져.

사람이나 동물이나 여러모로 비슷한 점이 많은 것 같아.

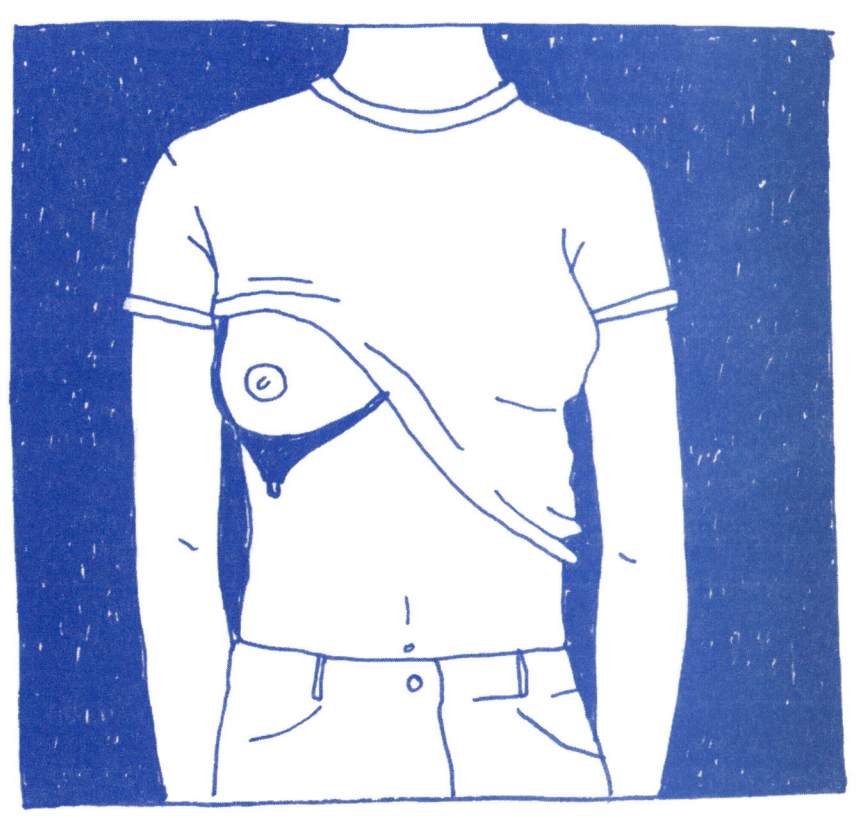

이런 내 모습을 보더라도 민망해하지 말고 그러려니 해줘.
나는 가슴을 가리고 말고 할 생각조차 하지 않으니까.

한쪽 가슴을 드러내고 돌아다니는 생활에 익숙해졌거든.

아기와 나는 항상 같은 시간에 배꼽시계가 울어 대.

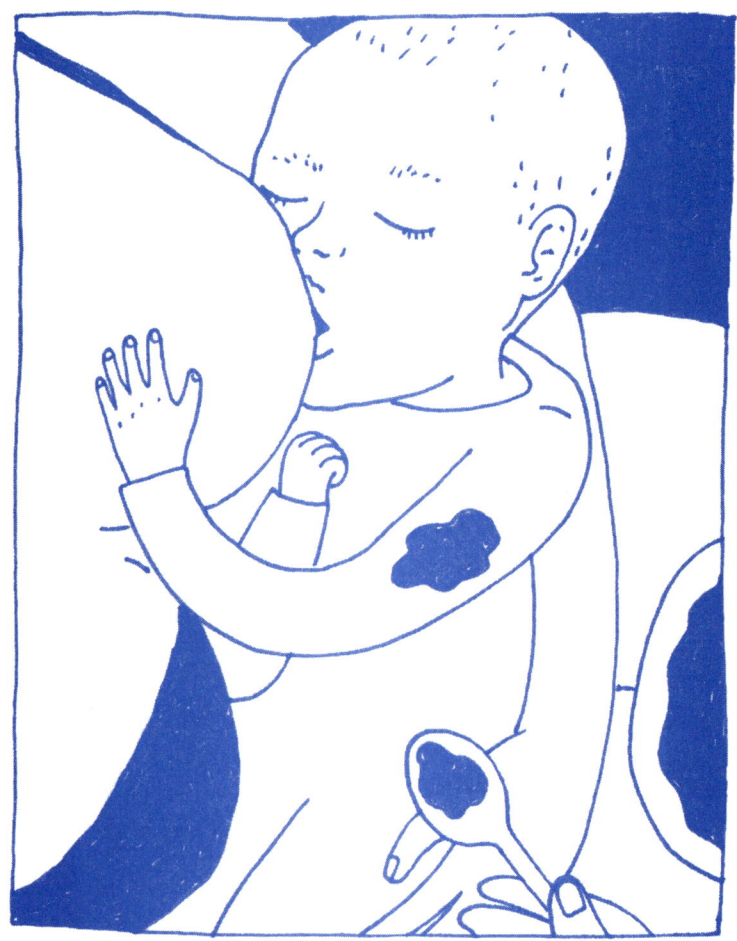

밥 먹다가 아기에게 질질 흘린다니까.

내 가슴은 한때 성적 매력을 물씬 풍겼지.

남편이 장난치며 핥아주던 가슴을
이제는 아기가 쪽쪽 빨고 있으니
기분이 참 묘하네.

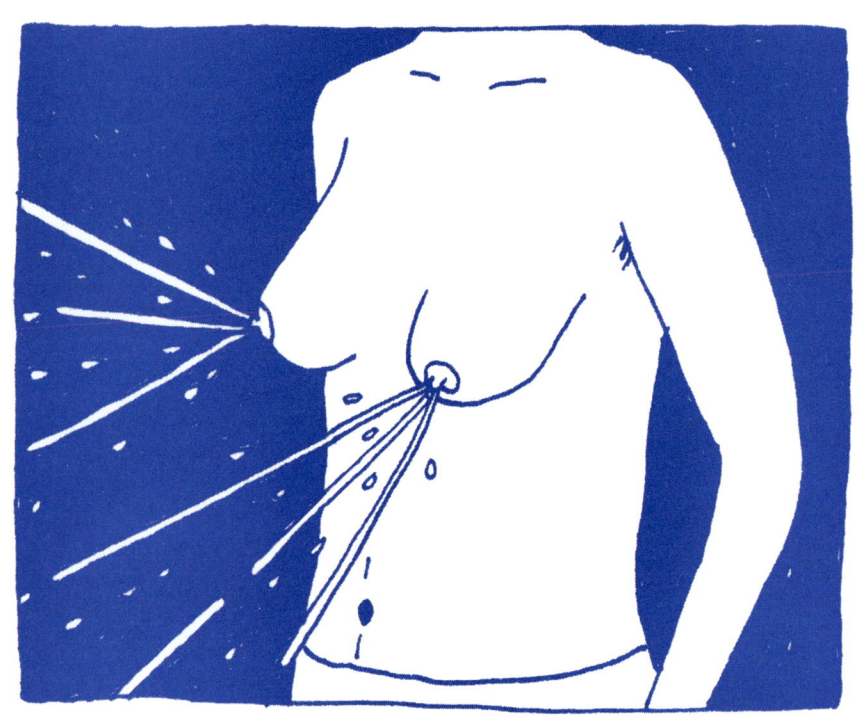

브라를 착용하지 않으면 이런 일이 벌어져.

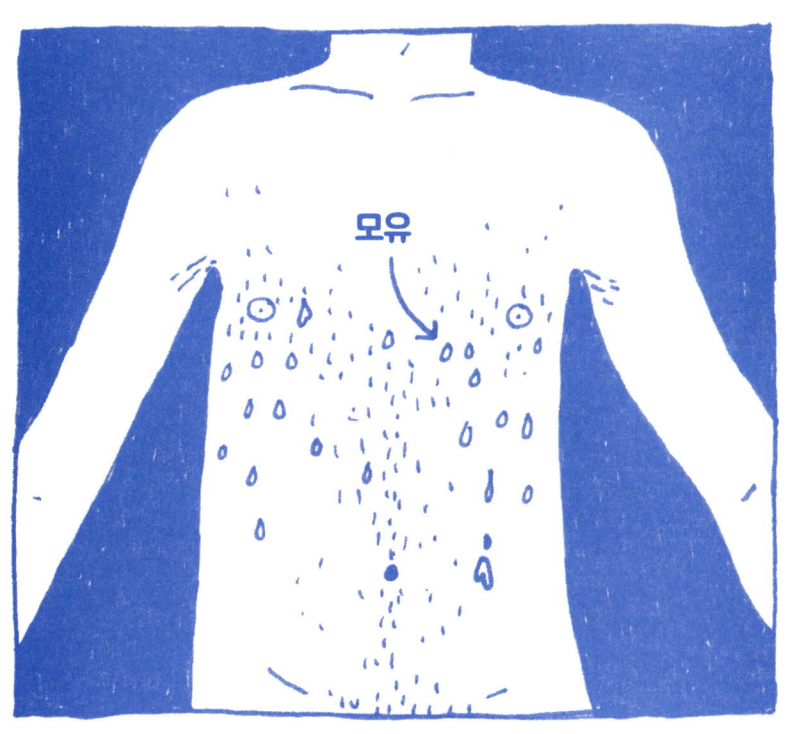

섹시한 가슴에서 사정없이 뿜어져 나오는 젖줄기.

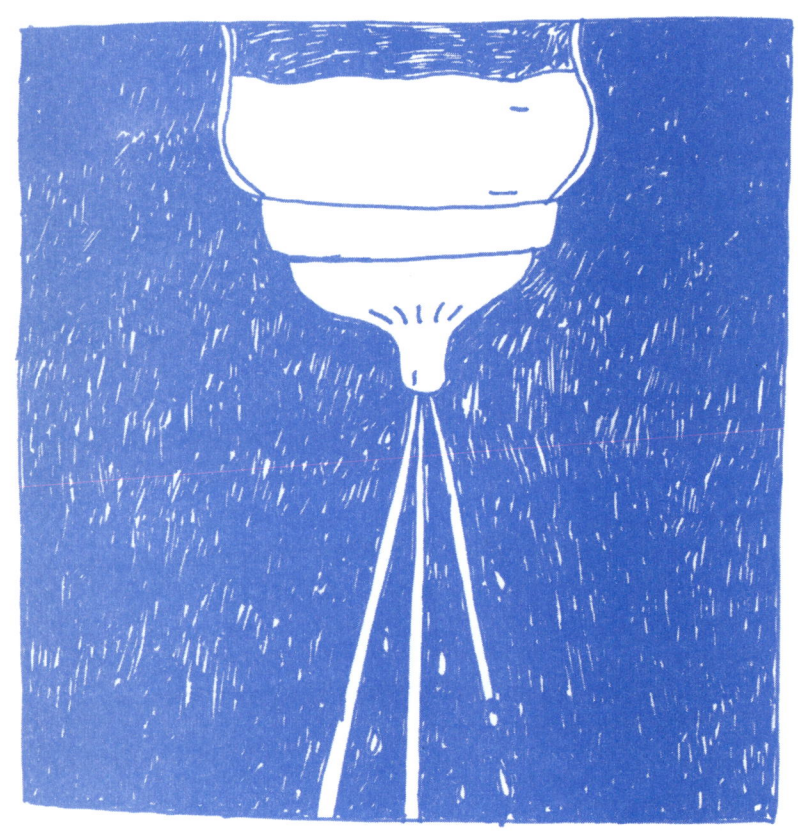

아기에게 분유를 먹이는 엄마보다
내가 낫다고 느낄 때가 있는데,
사실 그런 우월감의 이면에는 질투심이 깔려 있더라고.

모유 수유는 무척 고된 일이야.
남편이 도울 수도 없으니 여간 힘든 일이 아니거든.

가슴이 더 길쭉하면 좋을 텐데.
누운 채로 손쉽게 수유할 수 있게 말이지.

그럼에도 불구하고 어느 때보다
지금의 내 가슴이 제일 좋아.

4장

출산 이후의 이야기

아기가 워낙 작아서
아직도 내 몸의 일부처럼 느껴져.

아기가 내 몸 안에서 나왔다는 걸
가끔 잊는다니까?!

아무리 생각해도 신기할 뿐이야.

배가 예전과 달라 보이는데도 신경 쓰이지 않아.

임신한 흔적이 몸에 남아 있으니 오히려 좋더라고.

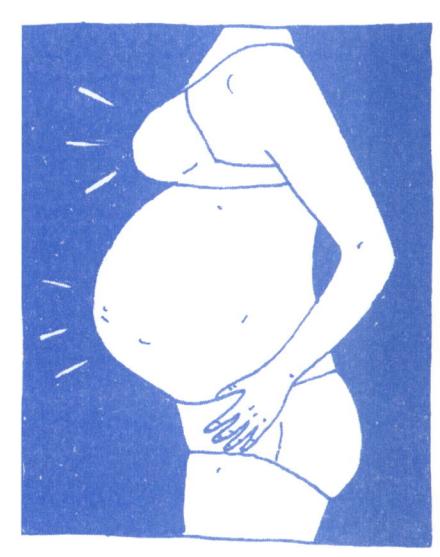
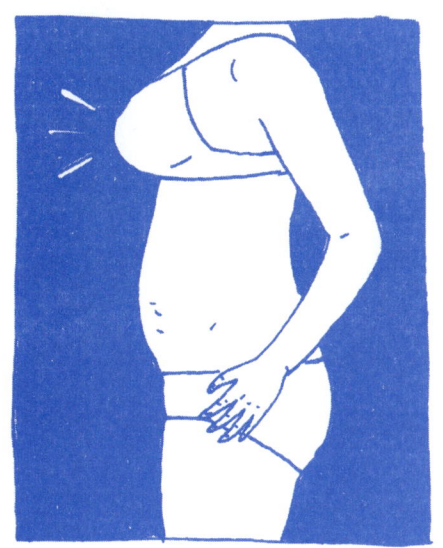

배가 어쩜 그렇게
터질 듯이 나왔다가
쑥 들어가는지.
놀랍지 않아?

내가 내 외모를 바라보는 관점이
완전히 바뀌었다고나 할까.

엄마가 되고 나서 달라진 아침저녁 루틴.

 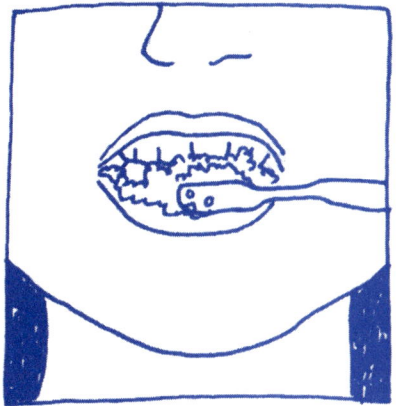

세수는 건너뛰고 양치만 하기.

이런 게 귀엽기도 하지만 귀찮을 때도 있고.

엉덩이는 치켜들고 고개는 푹 숙인 자세로 먹으면
뭐가 그렇게 좋은 거야?

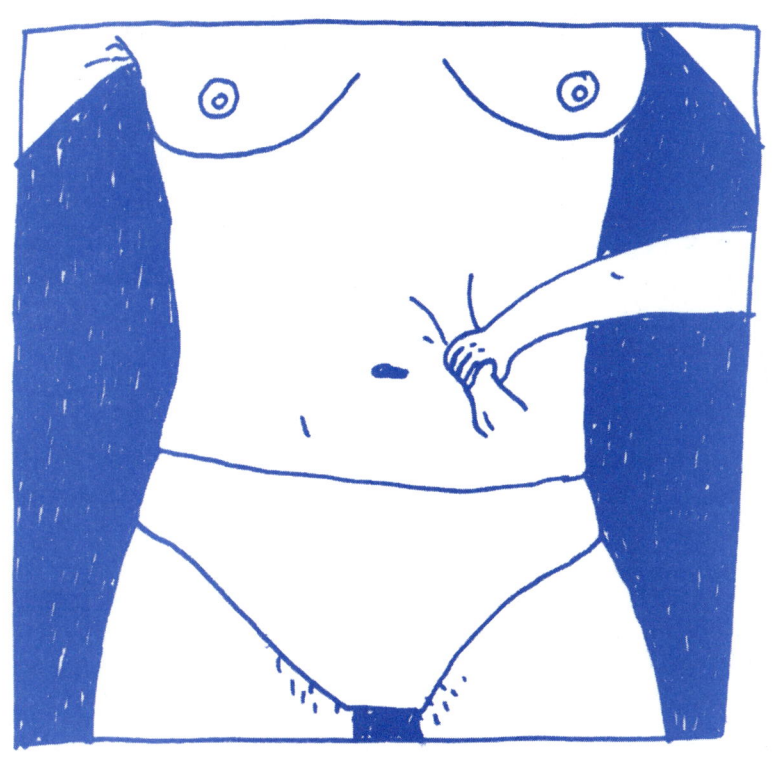

우리 아기는 말랑말랑한
내 뱃살을 조몰락거리면서 놀아.

아기가 만지고 놀기 딱 좋게
쭉쭉 늘어나는 뱃살이 있어 다행이지 뭐야.

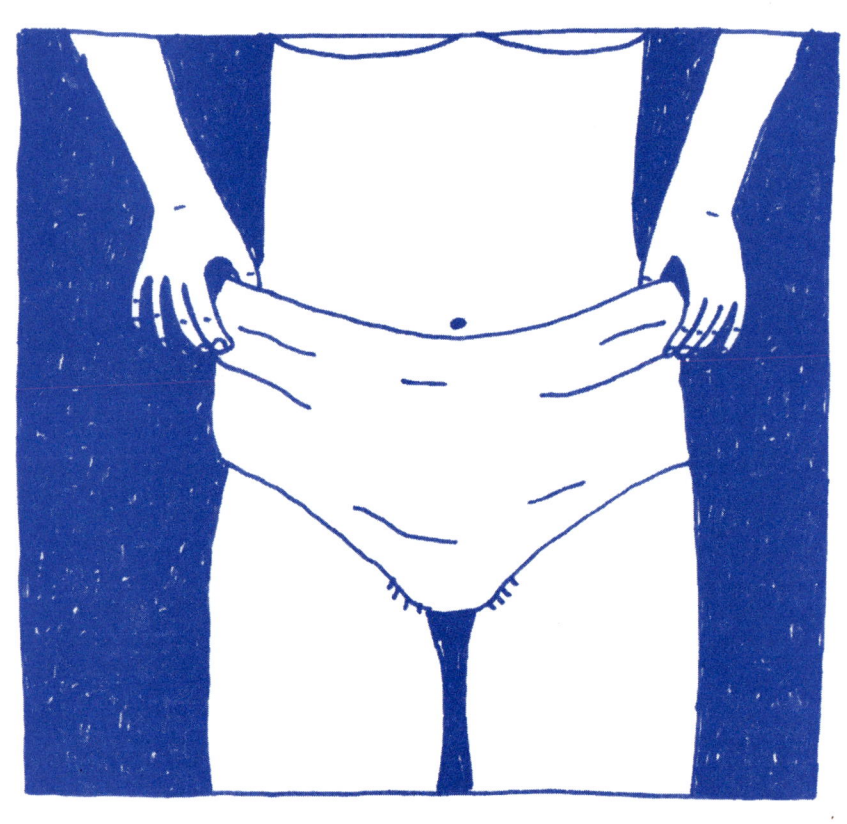

출산 후에 입으려고 넉넉한 빅사이즈 팬티를 샀었어.
글쎄, 어찌나 편한지 지금도 입고 있다니까.

그러고 보니
나는 어른이 된 이후로
줄곧 지나치게
작은 속옷만 샀더라고.

모유 수유를 하는 동안 살이 너무 빠지길래
무슨 심각한 병에 걸린 줄 알았어.
병원에 갔더니 그게 다 스트레스와
모유 수유 때문이래.

사실 이런 이야기를
입 밖에 내기가 두려웠어.
다들 출산 후에 불어난 체중을
감량해야 한다는 '압박'을 받는데,
나는 도리어 살이 빠진다고 하면
나더러 복 받은 사람이니 뭐니 할까 봐서.

아기는 아빠가
물려 주는 젖병에
차츰 익숙해졌어.

그러니 내 젖을
거부하기 시작했지.
마음이 너무 아프더라.

분유를 먹이니 굉장히 편했어.
그런데 모유를 유축해서 먹이는 건
불편하고 번거로운 일이더라고.

모유 수유를 하면서 가슴이 커지고 나니,
원래의 납작한 가슴으로 돌아가고 싶지 않았어.

나는 가슴 크기 따위에
신경 쓰지 않는
쿨한 사람이 아니더라고.

그래서 나 자신에게
적잖이 실망했지.

쓸모없어진 가슴

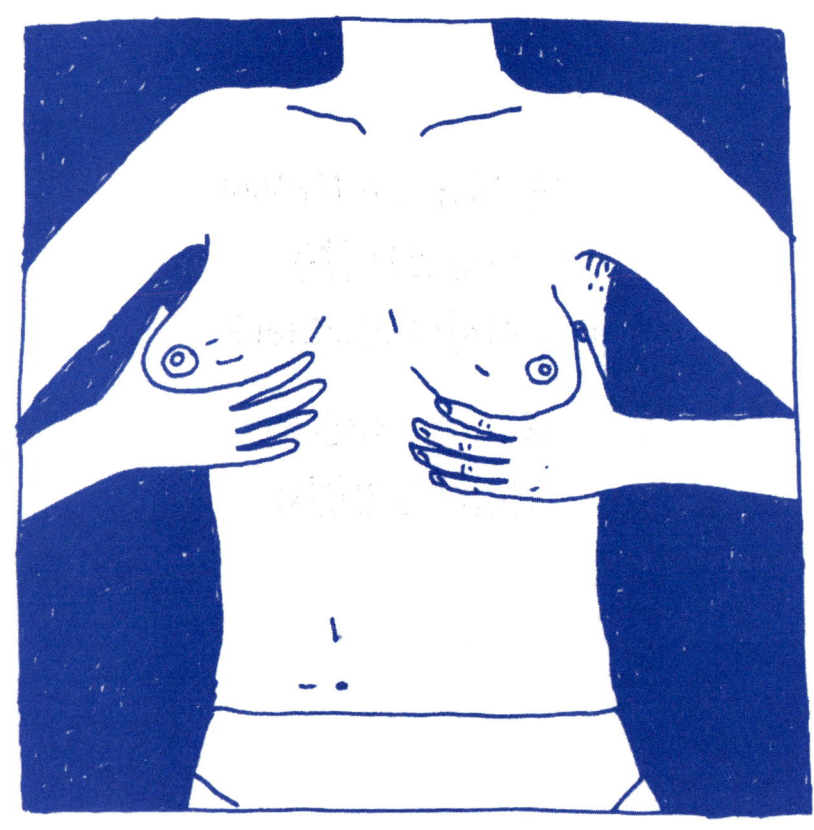

가슴에서 더는 젖이 안 나온다는 게
서운하기도 하고, 후련하기도 해.

출산을 겪은 내 몸을 보니 문득 지금껏 살면서
내가 이토록 강했던 적이 있었나,
또 이토록 약했던 적이 있었나 하는 생각이 들더라.

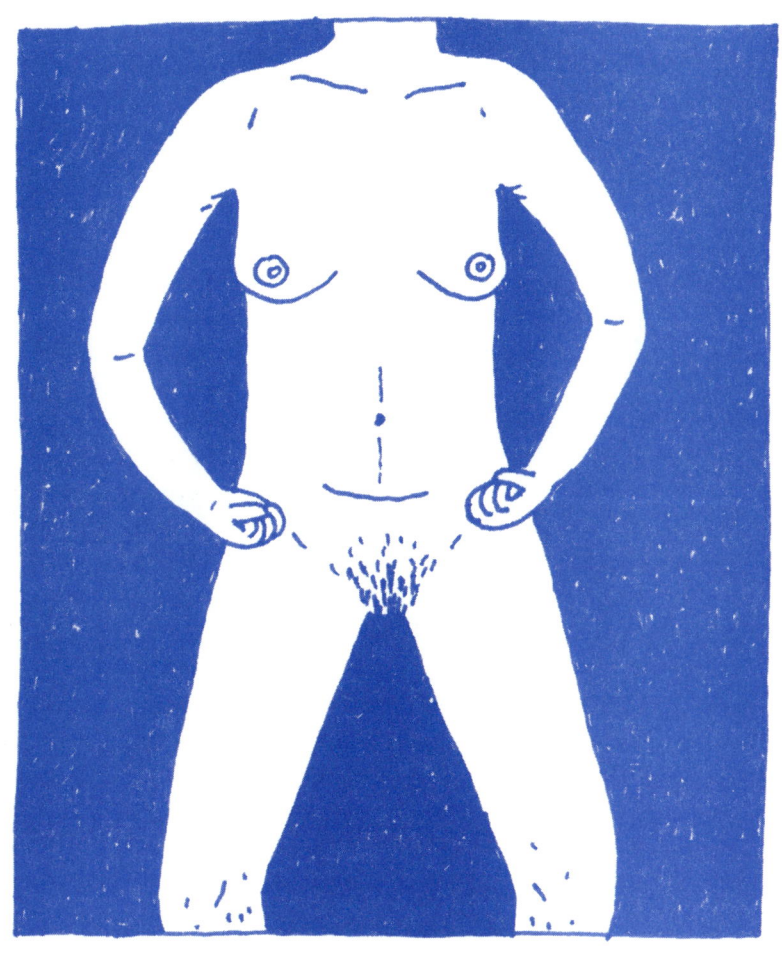

내 몸아, 고마워. 내 눈에는 너무 예쁘기만 하구나.

평생 이 몸으로 살 거야.

5장

엄마로 산다는 것

처음으로 아기를 떼놓고 집을 나섰어.
그런데 내가 누군가의 엄마라는 게 겉으로 드러나지 않으니까
기분이 너무 이상한 거 있지.

내가 엄마처럼 보였으면 좋겠어.

모든 사람이 한눈에
내가 엄마인 걸 알아볼 수 있게.

엄마가 되기 전에는
나 자신을 뒷전에 두고 살까 봐 두려웠어.

사실 자신에게 집중하지 않는 일상을 보낸다는 건
놀랍도록 대단한 일인데 말이야.

일을 제대로 하지 못해 스트레스를 잔뜩 받을 때도
아기를 안아 주는 일만큼은 꼭 하려고 해.

작고 귀여운 아기를 보면 그렇게 사랑스러울 수가 없어.

사람이 아니라 무슨 인형이나 아기 동물 같다니까.

많이 많이 껴안아 줄 거야.

아기를 재울 때면 어서 잠들기만을
하염없이 기다리는데, 막상 아기가 잠들면
같이 놀고 싶은 마음에 깨우지 못해 안달이야.

지금껏 살면서 스마트폰이
이토록 고마웠던 적이 있었던가.

엄마가 되기 전에는 내가 아기를
별로 좋아하지 않으면 어쩌나 하고 걱정했어.

내가 진심으로 원해서 아기를 낳으려는 건지,
다들 그렇게 하니까 떠밀려서
아기를 낳으려고 하는 건지 잘 모르겠더라고.

그때는 친한 친구 중에 아이가 있는 사람이
아무도 없었거든. 그러니 아기를 낳는다는 게
얼마나 놀랍고도 특별한 경험인지 상상하기 힘들었지.

아가, 너를 더 일찍 만날 걸 그랬어.

내가 누군가의 엄마라니!
아직도 믿기지 않아.

내가 엄마라는 걸 자주 떠올리고,
동네방네 소문낼 거야.

전에는 내 성격이 평범하다는 느낌을 못 받았는데,
지금은 뭔가 틀에 박힌 사람이 되어 가는 것 같아.

성별에 따라 역할이 구분되어 있지 않다고 생각하지만,
엄마라는 이미지로 보이는 게 좋을 때도 있어.
그게 어떤 이미지든 말이야.

보통의 엄마는 아이에게 특별하고
거창한 일을 많이 해 주는 사람이 아니라,
사랑을 퍼붓고 따뜻하게 돌보며 지지해 주는 사람이지.

지금 내 인생에서
제일 중요한 건 아이야.

그래도 괜찮아. 어차피
아이 말고 다른 것에
더 많은 시간을
쓸 날이 올 텐데 뭐.

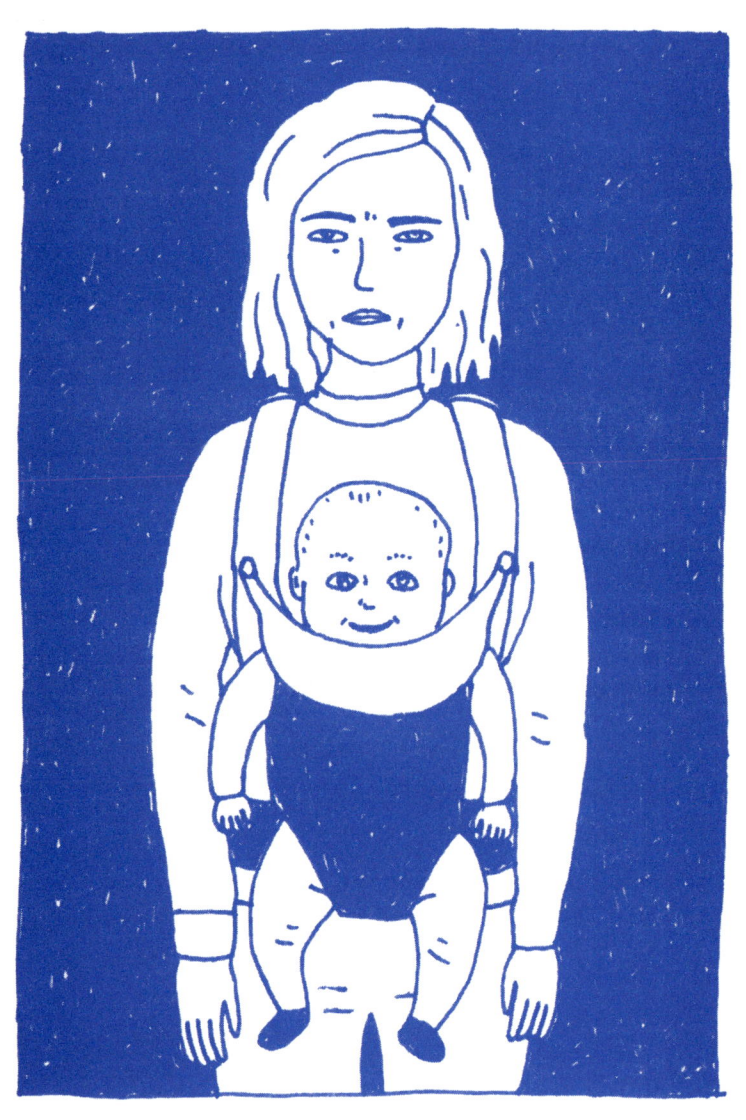

갑자기 나는 말 붙이기가 엄청 쉬운 사람이 돼 버렸어.

원래 나는 뚱한 얼굴인데
아기가 생기고부터는
그런 표정이 안 나오는 것 같아.

아기에 대해 이야기할 때는
모르는 사람들과
이런저런 수다를 늘어놓는 게
싫지 않아서 그런가 봐.

아이가 장차 어떻게 커 나갈지 상상하면
마음이 들뜨기도 하고 불안하기도 해.

아이는 무엇에 흥미를 느낄까?
아이가 맞닥뜨릴 어려움은 무엇일까?
우리는 어떤 사이로 지내게 될까?

기후 변화가 아이에게 어떤 영향을 미칠까?
아이가 살아갈 세상에서는 미래를 꿈꿀 수 있을까?

아기가 웃는 모습을 보면 아직
인생이 얼마나 고달픈지 모르니
지금은 마냥 해맑게 웃는다는 생각이 들어.

우리가 파괴하고 있는 이 세상에서
아이가 나중에 자기 가정을 꾸려서 살 수 있을지 걱정돼.

지구를 이토록 망쳐 버려 아이에게 미안할 뿐이야.

아이가 생기니 확실히 이기적으로 변한 것 같아.

최근 검색어

어떻게 하면
자기 파괴적인 시스템에
의존하지 않고 살 수 있을까 고민해 보지만,
실제로 그런 삶을 추구하는 게
얼마나 어려운지 알고 있어.

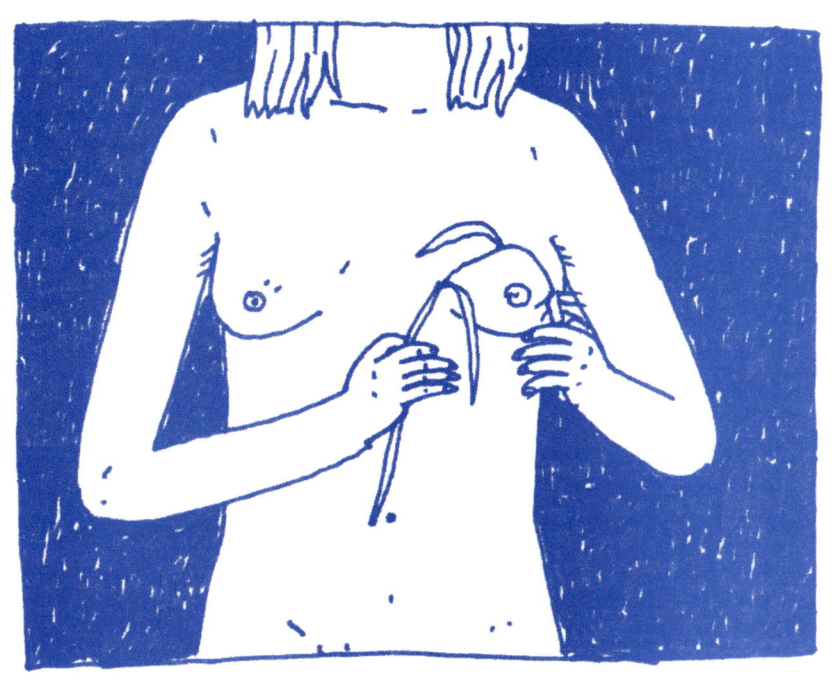

나는 자급자족하는 삶을 꿈꾸지만,
과연 이런 시스템에서 혼자 힘으로만
살 수 있는 사람이 있을까?

훗날 아이에게
기후 변화의 심각성을
말해야 할 때가 올 텐데,
그날이 몹시 두려워.

언젠가 아이와 그 이야기를 꼭 나눠야하겠지.

아이가 내게 왜
이 지경이 될 때까지
손 놓고 있었냐고 묻는다면,
나답게 살고자 하는 마음은 컸지만
두려움이 앞서는 바람에
변화를 시도하지 못했던
모든 순간을 떠올릴 것 같아.

아이에게 이런 말을 해 줄 거야.

네가 살아갈 이 지구를 망가뜨리긴 했지만,
마음이 편치만은 않았단다.

다른 걱정거리도 차고 넘쳐.

걱정이 쌓이고 쌓여 가끔은 마음을 짓누르는 것 같아.

온 가족이 쓸 생활용품을
쉴 새 없이 마구 사들이고 있어.

필수품인 것 같아 사기는 하지만,
이런 내 모습에 소름이 확 끼치지.

요가 레깅스를 새로 사야 할까?

해진 요가복을 꿰매 입고 또 꿰매 입으니
기후 행동을 실천하는 것 같아.

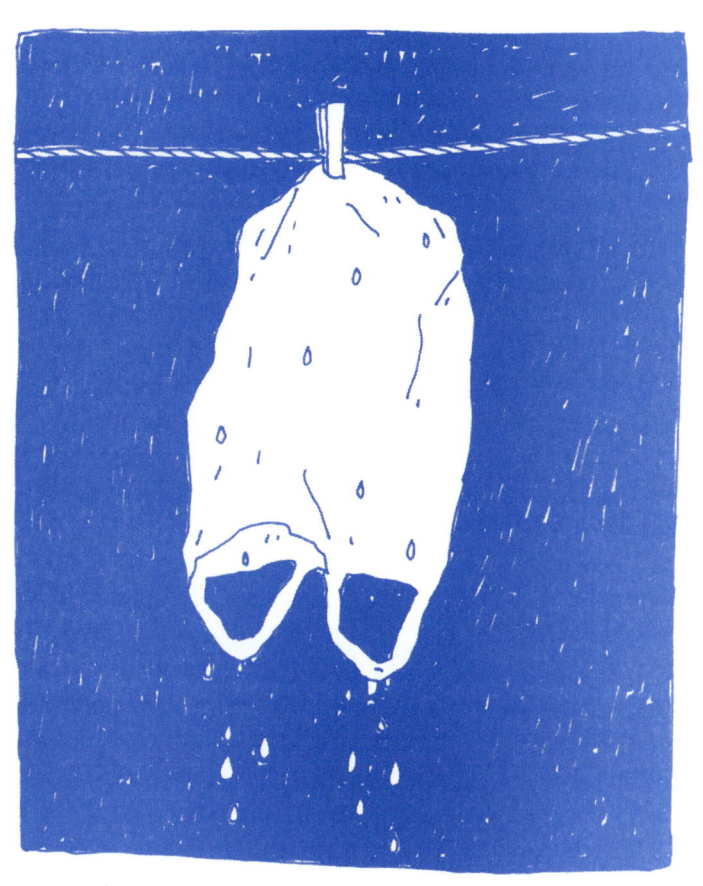

소비를 멈추기 위해 번거롭지만 꼭 하는 일들이 있어.

비닐봉지를 씻어서 재사용하는 게 기후 변화를 막는 데
무슨 보탬이 되겠어? 하지만 사소한 일이라도
직접 행동으로 옮겨야 불안한 마음이 진정되더라고.

쓰지 않는 물건을 정리해서
끊임없이 비워 내는 노력도 하고 있어.

미니멀리즘을 추구하며 살고 싶은데,
언젠가 이 물건들이 전부 필요해지면 어쩌지?

지금 내가 하는 모든 일이 아이에게
영향을 미친다는 걸 알기에
작은 결정 하나도 신중하게 고민해.

나는 이렇게 살기로 했어.

너무 우울해지네.

엄마가 된다는 게
얼마나 재미있는 일인지
이야기하고 싶었는데!

이렇게까지 재미있을 거라고 알려 주는 사람이 없었거든.

나는 아기가 똥 누는 모습을 보면
너무 귀여워서 견딜 수가 없는데, 좀 이상한가?

이 귀여운 꼬맹이가 자라서 어른이 된다니,
모든 어른이 한때는 이토록 조그만 아기였다는 게
도저히 믿기지 않아.

아기와 나는 아침을 먹기 전에 주방에서 춤을 추곤 해.

아기가 음악에 맞춰 몸을 어찌나 잘 흔들어대는지
입이 떡 벌어진다니까.

나는 전보다 참 많이 웃어.

아기는 벌써 농담도 할 줄 알아.
자기가 들어도 웃긴지 까르르 웃음보가 터지지.
그 광경을 보면 웃을 수밖에 없어.

앞으로 부모 역할도 하고 일도 하고 사회생활도 해야 하는데, 다 해낼 수 있을지 모르겠네.

아이가 크더라도
이렇게 여유를 갖고 느긋하게 지내야겠어.

해야 할 일에 대한 압박감에서 벗어나
홀가분한 마음으로 잠자리에 들 때가 참 좋아.

아이가 혼자서 잠들 수 있겠지만,
이 순간을 놓치고 싶지 않은 걸.

6장

평등 육아

뿌리 깊은 불평등

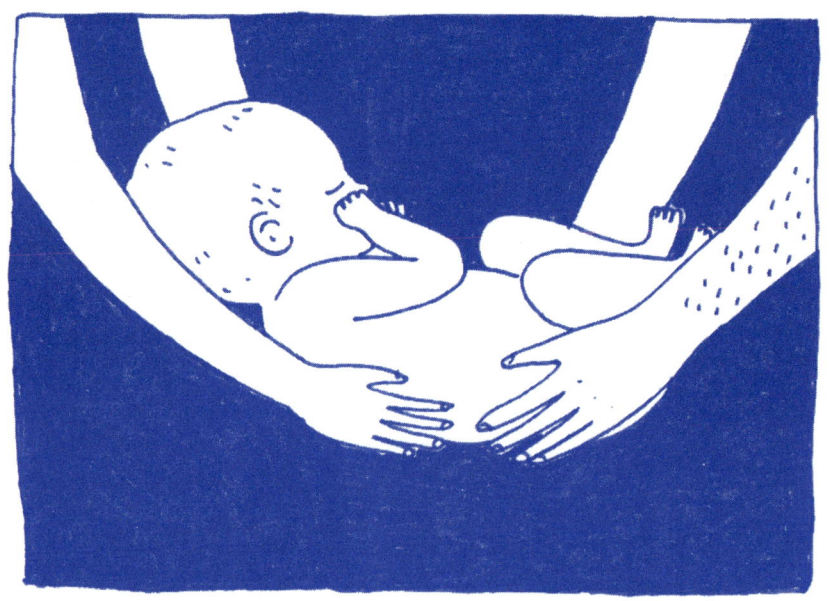

아이가 태어나도 남편과 변함없이
평등한 관계를 유지하며 살 수 있을 것 같지?

아무리 사이좋은 부부라도
아이를 함께 키우는 일만큼은 쉽지 않은 법이야.

남편도 나도 수면 부족에 시달리다 보니
잔뜩 예민해져 걸핏하면 서로에게
날카롭게 반응하게 되더라고.

보나마나
모유 수유 때문이겠지만,
아기가 나만 찾는 엄마 껌딱지라서
은근히 기분 좋아.

아기가 내게서 눈을 못 뗀다니까.

남편이 자고 있으면 짜증이 훅 치밀어 올라.

물론 머리로는
남편이 밤에 잠을 자야
다음날 청소도 하고
요리도 한다는 거 알고 있지.
그래도 남편을 깨우고 싶어.
밤을 꼬박 새우다시피
수유하다 보면 서글픈
생각이 들거든.

쪽잠을 자면서도 할 일을 척척 해내다니,
내가 봐도 내가 놀라울 따름이야.

남편이랑 이야기 좀 하려 하면
어김없이 아기가 잠에서 깨는 거 있지.

어쩌겠어? 지금은 셋이 한 몸처럼 지낼 수밖에.

사람 하나가 질을 통과해 나왔는데
어떻게 다시 부부관계를 하고 싶은 생각이 들지?

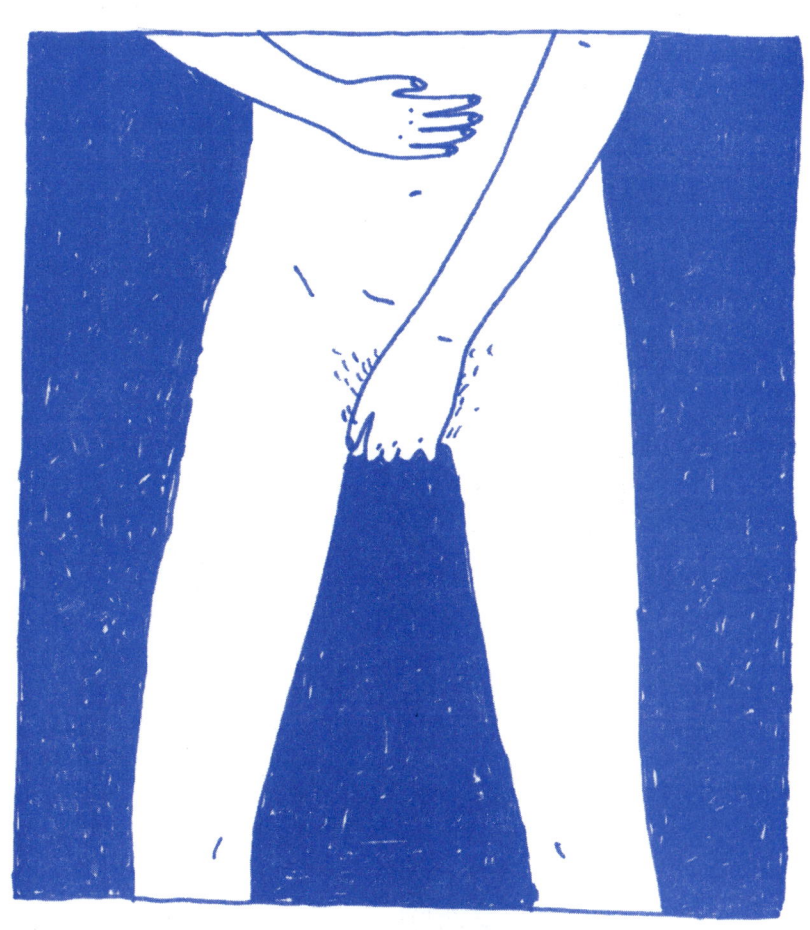

질이 늘어나 헐거워졌을 텐데.

평소에 나를 충분히 껴안아 주는 아이에게서
애정을 듬뿍 받고는 있어.

그렇더라도 하루 중 남편과 보내는 시간도 부족하고,
부부관계도 소원해져 마음 한구석이 허전하기는 해.

남편과 나는 누가 더
집안일을 많이 하는지를 두고 툭하면 싸워.

스마트 워치가 배우자와 비교해 집안일과
감정 노동을 누가 얼마나 더 많이 했는지
정확히 알려주면 어떨까 싶어.

남편은 아기를 돌보면서
집안일을 모조리 해치우는
내 능력에 혀를 내두르지.

멀티태스킹은 내가 남편보다 한 수 위거든.

마음이 차가워지는 순간에는
돈 잘 버는 아이 아빠를
찾을 걸 그랬나 싶어.

생각보다 돈에 예민하지 않지만,
아이를 키우는 데는
돈이 만만치 않게 들어가니까.

오늘 불쑥 페미니즘에 화가 나더라고.

나는 회사에 가는데,
남편은 아기와 시간을 보내니까 말이야.

사실 임신하기 전에도 내 일을 좋아하지 않았어.

일을 하면 육아에서 잠시 벗어나
한숨 돌린다던데,
딱히 그런 것 같지도 않아.

의미 있는 방식으로 사람들과 소통하고
누군가에게 도움이 되는 일을 하고 싶어.

이메일을 보내고 픽셀을 옮기느라
아까운 시간을 낭비하고 싶지 않다고.

세상을 긍정적으로
변화시키는 일을 해야 한다는
확신이 더 강하게 들어.

그리고 집 밖을 나와
내가 좋아하는 일을
열심히 하고 싶어.

예술 작업에 몰두할 때면
육아에서 벗어나 휴식을 취하는 것 같거든.
기분이 정말 끝내준다니까.

아기가 게워 낸 토를 몸으로 받아 내면서
집에 있는 것도 뜻깊은 시간이야.

물론 집안일이란
해도 해도 끝이 없고
매일 반복되며 버거울 때도 있지.
하지만 가족을 챙기고
가정을 돌보는 일에도 보람을 느껴.

회사에서 회의가 길어지면
앉아서 골반 근육을 강화하는
케겔 운동이라도 할 수 있어.

그런데 케겔 운동을
이렇게 많이 해도 되는 걸까?

아침 출근 전에 아기에게 인사할 때마다
내게는 선택할 기회가 있다는 것에 감사함을 느껴.

내가 일하는 동안 남편과 아이가
집에서 재미나게 놀고 있으면 열받기도 하지만.

내가 페미니스트라서 참 서러워.

물론 평등하길 바라지만,
집에서 아기와 보내는 시간만큼은
내가 독차지해서 온전히 누리고 싶달까.

남편과 아기가
서로 얼마나 사랑하는지 보면,
이런 시간을 남편과 나누길
잘한 거 같아.

남편이 근사한 아빠가 되어 가는 모습을 지켜보니
그렇게 기쁠 수가 없어.

남편을 처음 만난 이후부터
줄곧 남편이 아빠가 되길 손꼽아 기다려왔어.
당연히 훌륭한 아빠가 될 줄 알았으니까.

7장

엄마의 인간관계

아이를 키우면서 힘든 점을 하나 꼽으라면
가족과 너무 멀리 떨어져 산다는 거야.
나는 우리 부모님과 다른 나라에 살고 있는데,
부모님 곁을 떠나 이렇게 먼 곳으로
오지 말 걸 그랬나 싶어.

내 어린 시절의 행복한 추억을
아이에게 그대로 물려주고 싶은데.

혼자가 된 기분이라 외로워.
내 커리어를 추구하느라 공동체의 일원으로 참여하지 않고
소속감도 포기하게 만든 개인주의에 너무 화나는 거 있지.

사회생활을 하면서
부모 노릇도 해내기 위해 애쓰고 있어.

모임을 계획해서 열려고 하면,
사람들은 항상 한 달 치 일정을
미리 잡아두는 것 같더라고.

나는 사람들이 모여 살며 일상을 공유하는
코뮌(commune)이라는 공동체를 꿈꾸고 있어.
주변과 교류가 뜸하고 고립된 가족은
아이를 키우기에 바람직한 삶의 방식이
아닌 거 같아서.

이런 공동체 생활은
집 밖으로 자주 나가지 않아도
사람들과 더불어 살아갈 수 있거든.

남편과 나는 각자
혼자만의 시간을 즐길 수 있게
서로 배려를 잘하는 편이야.

따로 떨어져 각자 시간을 보내니,
안타깝지만 온 가족이 함께 보내는 시간은
줄어들 수밖에.

출산 휴가 중에 아기 엄마들과 쉽게
사귈 줄 알았는데, 기대가 너무 컸나 봐.
몇 명밖에 알지 못해서 외롭고 쓸쓸해.

단순히 엄마라는 것 말고
다른 공통점도 있길 바라는 건
지나친 욕심일까?

머리가 짧고 숱이 없는 여자 아기에게
왜 리본 머리띠를 두르는지 이해가 안 가.

왜 꼭 남자 아기가 아니라는 표시를 해야 하지?

동물 귀를 달지 않으면 아기 옷을 만들 수 없나 봐.

대체 누가 이런 디자인을 생각해 낸 거야?

때로는 내가 다른 사람들보다
엄마 노릇을 훨씬 잘한다고 생각해.

그렇다고 남들을 비난하거나
내 방식만 고집하는
엄마가 되지는 않을 거야.

시간이 좀 걸리긴 했지만
결국 마음 맞는 엄마들을 찾았어.
나만 힘든 게 아니라는 걸 알면
육아의 어려움을 견뎌 내기가
한결 쉬워지거든.

지금 이 순간에도 수많은 사람이
똑같은 마음으로 육아를 하고 있지.

나는 밖에서 마주치는 엄마들과
끈끈하게 이어져 있는 느낌이 들어.

모성은 여성들 사이에서 강한 유대감을 형성하는 모양이야.
엄마들과 아이 키우는 이야기를 하다 보면
시간 가는 줄 모른다니까.

친구들과 이야기하며 시간을 보내고 싶을 때도 있지만,
친구의 아이들을 알아가는 것도 신나는 일이야.

아이들이 자라서 어떤 사람이 될지
너무 궁금한 거 있지.

어른이 되고 나서 못하는 게 있어.

여자 친구들과 한집에 모여 같이 자거나
밤을 꼬박 새우면서 수다 떠는 거.

이제는 이런 모습으로 모여서 놀고 있지만,
의외로 나쁘지 않더라고.

엄마들과 있으면 힘이 나고 지지를 받는 느낌이야.

8장

워킹맘

아기와 관련 없는 것을
그리려고 했는데,
딱히 떠오르는 게 없지 뭐야.

지금의 나는 어떤 사람인 걸까?
전보다 신경 쓰지 않는 것들이 참 많아졌는데.

부모가 되기 전에 하던 일들을
이제는 할 시간도 없고
관심도 싹 사라졌거든.

그래도 여전히 혼자만의 시간을 갖는 걸 좋아해.

나한테 찰싹 달라붙는 사람도 없고
가방에 아기용품을 한가득 챙기지 않아도 되니
자유를 만끽할 수 있거든.

이따금씩 마음이 슬플 때도 있어.
다양한 분야에서 자기 계발을 하고 싶은데
도무지 시간이 없잖아.

하지 말아야 할 일을 어떻게 골라내지?

"새로 시작하는 TV 프로그램 봤니?"

"아니, 못 봤지."

요즘은 텔레비전을 볼 시간이 없다 보니
사람들과 할 얘기가 없어.

팔로우가 끊길 때마다 내가 고리타분하고
구닥다리 엄마라서 그런가 싶어.

눈길을 사로잡는 엄마

아티스트와 엄마 사이에서
어떻게 균형을 잡아야 할지 모르겠어.

창작 활동에 시간을 더 쏟고 싶어
상사에게 파트타임으로 일해도 되는지
수년 전부터 묻고 싶었지만,
차마 입이 안 떨어지더라고.

이제는 아이를 키우는 데
돈이 들어가니 일을 줄일
형편이 안 돼.

아티스트가 아니라
'육아 블로거'가 될까 봐
너무 겁이 나.

아이디를 '엄마'가 들어간 걸로 바꿔야 하나?

육아 이야기만 하는
사람이 되고 싶지 않은데.

내 아이가 자식을 위해
평생을 희생하는 부모 밑에서
부담감을 안고 자라길
바라지 않으니까.

시간이 마구 넘쳐나지 않으니
내 인생에서 정말로 필요한 게 뭔지 깨달았어.
그건 바로 예술 작품을 만드는 일이야.

웬만해선 영감이 떠오르는 순간을
놓치는 법이 없게 되었지.

체력이 바닥나 창의적인 생각을 할 수 없을 때는
그냥 드러누워서 책을 읽어.

주말에는 약속이 없는 걸 좋아하고,
실패한 사람 같은 기분이 들지 않는 것도 참 좋아하지.

육아에 관한 책을 내리라고는 전혀 예상하지 못했지만,
막상 엄마가 되고 보니 꼭 해야 할 일이라고 느꼈어.

모성이라는 주제가 내 마음에 와닿았고,
이제는 작품 활동을 할 때
깊이 있게 다루는 주제가 되었지.

9장

하나 더 낳을까?

예전에는 어떻게 살았는지 기억도 나지 않아.

지금은 이렇게 단출한 세 식구가 알콩달콩 살고 있지.

온종일 일에 집중하다가도
곧 아이를 보러 갈 생각에 콩닥콩닥 마음이 설렌다니까.

이토록 간절하게 보고 싶은 사람이 있다는 게
얼마나 좋은지 몰라.

꼼꼼하게 기록할 걸 그랬어.
추억은 끝임없이 차곡차곡 쌓이는데
이렇게 쉽사리 잊힐 줄은 몰랐거든.

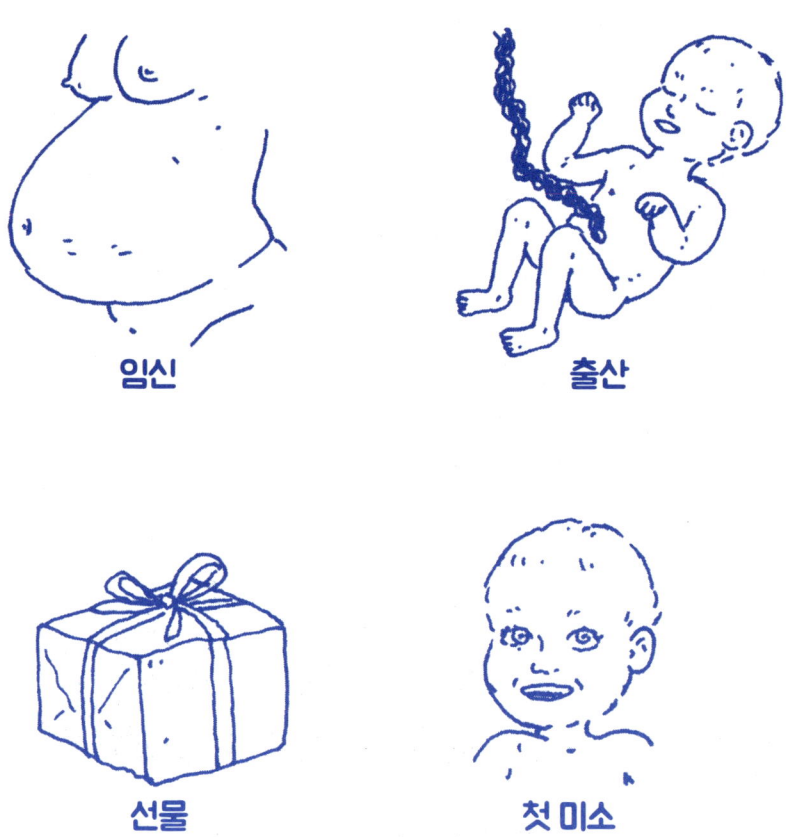

임신

출산

선물

첫 미소

첫 뒤집기 성공

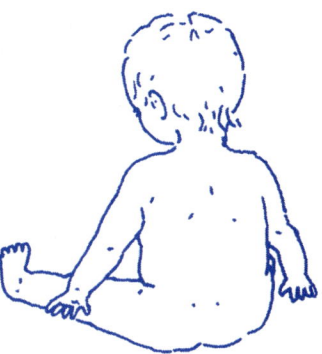
처음으로 스스로 앉기

첫 이유식

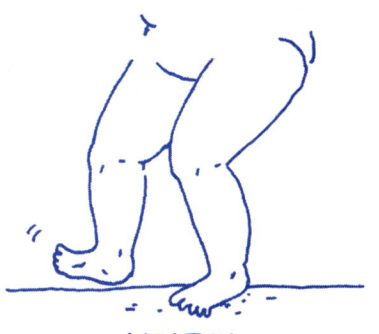
첫걸음마

처음 쓴 치약

첫 애착 장난감

하나하나가 다 새롭고 특별했지.

첫아이를 다시 임신하지 못한다는 사실이
못내 서운하기도 해.

어떻게 배가 이만큼 나왔지?

임신 당시에 느낀 감정을
고스란히 떠올리려고 노력해.

아무래도 아이를 낳는 일에 중독될 것만 같아.

아기를 한번 낳아 보긴 했지만,
언젠가 다른 아기를 또 낳을 수 있다는 사실이 믿기지 않아.

다시 아이를 낳는다면
첫아이와 완전히 다른, 고유한 특성을 가진
아이가 태어나겠지.

하지만 지금은 이 순간을 오롯이 느끼느라
딴생각을 할 겨를이 없어.

엄마(mum)를 뜻하는 국화.

예전에는 지루했던 일들이
느닷없이 다시 재미있게 느껴져.

아이의 눈으로 세상을 바라봐서 그런가 봐.

우리는 함께 책을 읽을 거야.
아마 수천 권쯤 읽겠지.

수많은 것들을 서로 가르치고
또 배우게 될 거야.

얘야, 너무 빨리 자라지 말아줘.
천천히 크렴.

감사의 글

먼저, 사랑과 지원을 아끼지 않고 눈에 넣어도 아프지 않을 두 아이를 선물해 준 남편 고든에게 고마움을 전한다. 남편과 아이들이 없었다면 이 책은 결코 세상에 나오지 못했을 것이다. 나의 아들 토르와 딸 루나에게도 고맙다. 내 인생에서 가장 잘한 일은 아이들에게서 엄마가 되는 법을 배운 것이다. 내 이야기를 책으로 엮어 세상에 내놓은 편집자 크리스틴 휴이트와 프린스턴 대학 건축 출판부에게도 감사한 마음을 전한다.

나를 믿고 이 책의 출간을 도와준 에이전트 맥그리 쿠퍼에게도 진심으로 고맙다. 모성을 다룬 문학과 인생에 대해 긴 시간 동안 전화로 이야기를 나누었던 절친한 친구 아이다 귄나르손에게 특별히 감사의 마음을 전한다.

이 책은 부모가 되는 과정을 다룬 이야기인 만큼, 우리 남매가 애정과 보살핌을 듬뿍 받으면서 신나는 모험으로 가득 찬 어린 시절을 보내게 해 주신 부모님께 한없는 고마움을 느낀다. 부모님께 받은 것들을 내 아이들에게 고스란히 물려주고 싶다. 이것이야말로 우리 부모님이 훌륭하신 분임을 보여 주는 산 증거다.

항상 곁에 있어 주는 나의 두 자매 마르티나와 제니에게도, 즐거운 어린 시절을 함께 보낸 나의 남매 헨릭에게도 고맙다. 그가 조카들을 만나보지 못하고 우리 곁을 떠나 너무나 아쉬울 뿐이다.

마지막으로 온라인 커뮤니티의 격려와 지원이 없었다면 이 책이 세상의 빛을 보지 못했을 것이다. 머리 숙여 깊이 감사드린다.

처음 엄마가 되었어요
고단하지만 그럼에도 행복한 나날들

초판 인쇄 2024년 06월 20일
초판 발행 2024년 06월 25일

지은이 엠마 알크비스트
옮긴이 박은진
펴낸이 조승식
펴낸곳 BH balance & harmony
등록 1998년 7월 28일 제 22-457호
주소 서울시 강북구 한천로 153길 17
전화 02-994-0071
팩스 02-994-0073
인스타그램 @bookshill_official
블로그 blog.naver.com/booksgogo
이메일 bookshill@bookshill.com

ISBN 979-11-5971-601-0
정가 15,000원

• BH balance & harmony는 도서출판 북스힐의 그래픽 노블 임프린트입니다.
• 잘못된 책은 구입하신 서점에서 바꿔드립니다.